A PROPOS DU CENTENAIRE DE 1789

RÉFLEXIONS SUR L'ÉTAT ACTUEL DE LA FRANCE

Par FÉLIX MENTION

PARIS
IMPRIMERIE LOBERT ET PERSON
259, BOULEVARD VOLTAIRE

1890

A PROPOS

DU

CENTENAIRE

DE 1789

RÉFLEXIONS SUR L'ÉTAT ACTUEL DE LA FRANCE

Par Félix MENTION

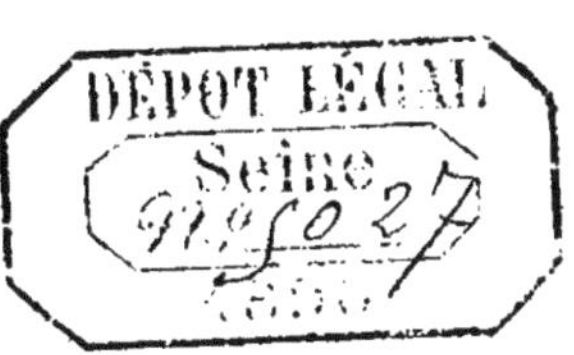

PARIS
IMPRIMERIE LOBERT ET PERSON
259, BOULEVARD VOLTAIRE

1890

A PROPOS

DU

CENTENAIRE DE 1789

RÉFLEXIONS SUR L'ÉTAT ACTUEL DE LA FRANCE

CHAPITRE PREMIER

L'Exposition universelle de 1889 a fermé ses portes en plein succès. On prétend que le nombre des visiteurs a dépassé 450,000 pendant la journée de clôture. Il n'en a pas été ainsi : le chiffre des visiteurs s'est élevé à 370,354 personnes d'entrées payantes. Ce n'est pas la plus forte journée, puisque le dimanche 13 octobre les entrées payantes ont atteint le chiffre de 387,877. Quoiqu'il en soit, ces chiffres sont exacts et ont donné un magnifique résultat. Des millions d'étrangers sont venus saluer la France hospitalière de tous les points du globe et le glorieux centenaire de notre Révolution qui proclama les droits de l'homme et du citoyen.

Le succès inattendu qui vient de faire reprendre à la France sa place à la tête des nations, revient en partie à M. Eiffel, dont la tour de 300 mètres, due à son génie, a été une des grandes attractions de l'Exposition ; à M. Alphand, le directeur des travaux ; à M. Decauville, dont le petit chemin de fer a rendu tant de services, et surtout à M. le Président de la République qui ayant assisté à l'inauguration, a tenu, lui-même, à faire la clôture de cette inoubliable journée.

A l'esplanade des Invalides, où se trouvait le pavillon du Ministère de la guerre, l'affluence était énorme, on avançait à grand'peine. Les soldats chargés d'assurer le service d'ordre ont dû, plusieurs fois, interdire l'accès du palais. Sur le quai d'Orsay, les galeries de l'alimentation ont eu un grand succès : on a dégusté un nombre incalculable de coupes de champagne en souvenir de cette mémorable journée.

Les bateaux sur la Seine offraient, dès le soir, un coup d'œil très curieux, en montant et en descendant, de telle sorte que leurs feux embrasaient les eaux.

Les visiteurs qui se trouvaient au Trocadéro, dans l'intérieur des pavillons des Eaux et Forêts, ont dû remarquer que la foule était si compacte qu'il était impossible d'y circuler. Mais, pour pénétrer de l'enceinte du Trocadéro au Champ-de-Mars, c'était une longue et pénible étape : pour y arriver, la passerelle qui leur servait de trait-d'union était devenue insuffisante. Pour obvier à cet inconvénient, qui présentait le plus grand danger, les gardiens de la paix se décidèrent à barrer le quai afin de diminuer l'affluence des visiteurs et attendre l'écoulement de la foule.

Dans la soirée, toutes les parties du Trocadéro ont été brillamment illuminées ainsi que la Tour Eiffel et le Dôme central. Les fontaines lumineuses, s'épanouissant en gerbes de toutes couleurs, ont eu leur succès habituel. Depuis le commencement de l'Exposition, jamais empressement n'avait été aussi grand pour contempler ce spectacle féerique.

A la Galerie des machines, les Exposants ont jusqu'à la dernière heure, mis en mouvement les locomobiles perfectionnées de leur invention, et l'on peut dire que là on était porté par le mouvement incessant des curieux qui venaient une dernière fois contempler, dans la splendeur de la lumière électrique, les merveilles de l'industrie exposées dans ce palais géant et unique au monde.

Dans le cours de l'une des visites que M. le Président Carnot fit à la Galerie des machines, il s'arrêta particulièrement dans le salon de M. Vigneron, qui s'empressa de faire fonctionner ses admirables appareils de couture mécanique. L'on y a vu s'exécuter la couture avec la même aiguille et le même fil, sans rupture ni casse, sur toute une série d'étoffes fines et épaisses, ainsi que sur une plaque de plomb d'un millimètre d'épaisseur.

Cet immense succès de l'Exposition a été, pour nos nationaux comme pour l'étranger, l'objet d'un immense étonnement. Comment se faisait-il qu'il y eût encore dans ce pays si cruellement éprouvé par la guerre de 1870, autant de richesses, de puissance industrielle, d'activité, tant de supériorités littéraires et artistiques ? C'est que le Français a pu supporter ses revers avec une admirable résignation et n'a jamais désespéré de l'avenir. Nous venons de prouver à l'Europe que notre France bien-aimée est un pays digne de l'admiration de tous, fécond en ressources par son industrie et son agriculture, et qu'un peuple qui pouvait donner à l'humanité le spectacle d'une exposition si grandiose, était loin d'être tombé en décadence.

La France peut être fière du succès de son Exposition, à laquelle M. le Président de la République a si puissamment contribué. Avec Gambetta, la France sauvegardait son honneur ; avec Thiers, elle libérait le territoire ; avec le Président Carnot, elle vient de donner le spectacle d'une nation reconstituée où les arts et les sciences brillent d'un incomparable éclat.

Dans une de nos dernières visites à l'Exposition, nous nous arrêtâmes au Palais des beaux-arts, rempli des chefs-d'œuvre de la sculpture et de la peinture de nos grands maîtres. Nous y avons remarqué la statue de Molière mourant au cours d'une représentation devant Louis XIV, qui avait tenu expressément à voir l'auteur figurer dans le rôle du Malade imaginaire. Il est impossible de donner une expression plus vraie et plus touchante à cet immortel génie.

La statue de Thiers, l'éminent homme d'état, est des mieux caractérisées, ainsi que celle du grand savant Chevreul.

Nous ferons le même éloge au sujet de la statue de Phidias et du groupe représentant une mère entourée de ses jeunes enfants, auxquels elle taille du pain. — Rien de plus gracieux que la statue de ce génie ailé tenant une coupe où figurent deux colombes qui se donnent la becquée.

Quelle vigueur dans ce groupe du Dénicheur d'oursons surpris par leur mère qui l'étreint avec ses pattes pour l'étouffer, malgré la blessure mortelle qu'il lui a faite en lui plongeant son poignard dans la gorge.

L'on s'arrêtait aussi avec admiration devant cet

autre groupe énergique représentant un soldat succombant à ses blessures dans un combat à la frontière et soutenu par une jeune Alsacienne qui s'est emparée de son fusil et qui tournée du côté de l'ennemi, semble le provoquer.

Parmi tant de chefs-d'œuvre dignes de fixer à jamais l'attention, nous ne pouvons passer sous silence l'œuvre capitale du sculpteur Dalou, représentant magistralement cette séance des États-Généraux où Mirabeau, debout et fièrement campé, fait à l'envoyé du roi cette superbe réponse demeurée historique. Ce groupe, destiné à la Chambre des Députés, n'en sera pas le moindre ornement.

Parmi tant d'hommes célèbres dans tous les genres, représentés et pour ainsi dire revenus à la vie sous le ciseau de nos grands sculpteurs, nous mentionnerons aussi la statue de Camille Desmoulins faisant, au Palais-Royal, un appel énergique aux armes pour engager les citoyens à s'emparer de la Bastille.

CHAPITRE II

Dès l'ouverture des États-Généraux, Camille Desmoulins embrassa avec ardeur la cause de la Révolution. Membre actif du Club des Cordeliers, il en devint l'un des plus fougueux apôtres et l'un des plus ardents républicains qui le distinguèrent au Palais-Royal dont le jardin était devenu le rendez-vous de la jeunesse patriotique. Sans cesse sur le chemin de Versailles, il applaudissait aux grandes réformes et aux progrès des Républicains. Le 12 juillet, la nouvelle du renvoi du ministre Necker et les préparatifs menaçants de la Cour avaient consterné Paris et déterminèrent une insurrection. Camille Desmoulins fut le premier qui poussa le cri d'alarme, cri que la foule irritée attendait impatiemment et qui détermina l'explosion. A sa voix, le peuple arbora la cocarde verte, l'appel aux armes retentit dans tout Paris, les bustes de Necker furent portés en triomphe et le lendemain la garde nationale fut organisée sous les ordres de Lafayette. La Bastille, cette citadelle de l'injustice et de l'oppression, fut emportée d'assaut le 14 juillet 1789; Camille Desmoulins avait assisté à l'enlèvement des armes cachées à l'Hôtel des Invalides, ainsi qu'à la prise de la Bastille.

Appréciant la valeur patriotique de son caractère, son dévouement à la République, il fut recherché par tous les députés démocrates et patriotes. Mirabeau l'attira à lui et l'occupa pendant quelque temps à préparer ses motions, ordres du jour, afin de l'initier aux grandes affaires de la démocratie. Admirateur de cet homme illustre, qui fut longtemps pour lui son orateur de prédilection, quand Camille Desmoulins se sépara de lui au point de vue politique, il subit encore l'ascendant du génie de ce grand citoyen. Ce cœur ardent, passionné, inébranlable dans son attachement pour la République, fut admirable de dévouement et de patriotisme.

A la tête des journalistes de la Révolution française, il fit paraître, le 28 novembre 1789, le premier numéro de son journal : *Les Révolutions de France et de Brabant.*

Pendant longtemps, Desmoulins partagea avec Marat les périls de la guerre acharnée que le parti révolutionnaire faisait à la monarchie et au parti de la Cour. Il fut un des rares publicistes de l'époque, qui songèrent à la République comme devant être le gouvernement définitif de la France.

Le célèbre polémiste parvint, après la prise de la Bastille, à faire imprimer un livre intitulé : *La*

France libre. Dans cette œuvre, Desmoulins nous expose ses opinions républicaines, se prononce nettement pour la République, cette forme de gouvernement qui apparaissait impraticable aux plus audacieux. Il veut le développement des facultés humaines, l'individualité de chacun, l'indépendance de la parole et des actions, et, pour la France, une riche civilisation embellie par le luxe, les arts et l'industrie.

Dans toutes les grandes questions, on vit Desmoulins prendre la parole et, à l'Assemblée constituante, défendre avec une admirable décision et une rare énergie, les droits sacrés et inviolables de la liberté.

Marié à Lucile Duplessis, fille d'un premier commis des finances et qui lui avait apporté une très forte dot, il eût pu, avec cette aisance et le produit de ses travaux, mener une existence heureuse et paisible, mais il ne fut jamais plus dévoué à la démocratie que depuis cette époque. Le massacre du Champ-de-Mars, le 17 juillet 1791, qui restera une des journées les plus tristes de la Révolution, l'affecta cruellement dans ses convictions démocratiques. Poursuivi, comme tous les républicains patriotes, et découragé, il cessa la publication de son journal, *les Révolutions de France et de Brabant*, le 25 juillet de la même année et, dans son dernier numéro, il fit au peuple des adieux touchants.

De retour au barreau, il reprit sa robe d'avocat, mais cependant il continua à suivre le courant politique, en fréquentant le club des Jacobins. Dans les débats sur la guerre extérieure à laquelle Robespierre faisait la plus vive opposition, il fut de la même opinion que son camarade de collège, aussi fut-il attaqué avec violence dans le journal de Brissot qui la réclamait à grands cris, comme devant être le signal de l'affranchissement des peuples.

Avocat distingué, Desmoulins avait entrepris de défendre deux individus condamnés à la prison, en application de la loi sur les maisons de jeux. Le tribunal les avait fait enfermer dans une maison de force, en attendant le second jugement, bien que le droit réservé n'impliquait leur détention que dans une maison d'arrêt. Un publiciste, Girez-Dupré, le collaborateur de Brissot, transforma cette question légale en une apologie scandaleuse des jeux de hasard qui fut pour Desmoulins une provocation. Ce dernier, indigné, lança son violent pamphlet : *Brissot dévoilé*, où il décrit les actes polititiques de son adversaire, ses intrigues, le poursuivant, dans cet écrit étincelant de colère et de mépris, de sa verve la plus mordante. Cette œuvre de vengeance, Desmoulins la regretta très amèrement en 1793, au moment de la terreur, car il venait de marquer d'un fer rouge Brissot et ses partisans.

Nous savons que Desmoulins assista à la fameuse séance du tribunal révolutionnaire où furent condamnés les Girondins et qu'il ne put retenir ses larmes. Cloots et les Hébertistes durent aussi leur immolation à ses redoutables pamphlets.

Le roi avait paru céder à la Révolution, mais les progrès des Républicains étaient devenus inquiétants pour les royalistes et pour le roi lui-même. Les émeutes dans les provinces avaient précipité l'émigration et ne laissaient plus à la Cour d'espérance que dans l'étranger. L'exemple, à Paris, fut donné par le comte d'Artois, et après la mort de Mirabeau, le 2 avril 1791, le roi se décida à fuir avec sa famille (20 juin). Il fut arrêté à Varennes, ramené à Paris et suspendu de ses attributions jusqu'à ce que la Constitution terminée fut acceptée par lui (13 septembre 1791).

CHAPITRE III

La Constitution de 1791 appliquait les principes de 1789 à la liberté politique, en substituant la royauté au principe absolu. Elle donnait le pouvoir à une Assemblée unique et permanente élue pour deux ans, le pouvoir exécutif au roi, avec un *veto* suspensif pour quatre ans, ou deux législatures. Sa personne était inviolable et sacrée, les ministres seuls étaient responsables des actes de la royauté. Les députés, tous les fonctionnaires étaient nommés par le suffrage à deux degrés. Tous les citoyens âgés de vingt-cinq ans et payant une contribution directe de la valeur de trois journées de travail, composaient les assemblées primaires qui choisissaient les électeurs parmi les propriétaires ou locataires d'un bien d'un revenu de 200 livres. Avant de se séparer, sur la proposition de Robespierre, l'Assemblée décida que ses membres ne pourraient faire partie de la Législative.

L'Assemblée législative ne fut qu'une brusque et violente transition entre la monarchie limitée qu'avait voulu établir l'Assemblée constituante et la dictature républicaine de la Convention. Les républicains modérés, à la tête desquels étaient les Girondins, formaient la majorité dans la nouvelle assemblée.

La Révolution était menacée à l'intérieur par l'opposition de la Cour, la noblesse, le clergé, et au dehors par l'émigration qui travaillait à soulever l'Europe monarchique. L'empereur Léopold et le roi de Prusse s'étaient unis les premiers contre nous par la convention de Pilnitz (27 août 1791).

Les deux premiers actes de l'Assemblée législative furent d'adopter deux décrets contre les émigrés et les prêtres non constitutionnels, mais le roi refusa de les sanctionner. Quoiqu'il en soit, Louis XVI semblait résigné à obéir à la Constitution nouvelle et, pour gage de sa conduite, avait choisi un ministère girondin dont faisaient partie Dumouriez, Roland et Servan. Il vint proposer une déclaration de guerre à l'Autriche (20 avril 1792), mais le fâcheux début des opérations militaires à Quiévrain et à Tournay, le refus obstiné du roi à sanctionner les décrets, le renvoi du ministère girondin, déterminèrent une première insurrection. Le 20 juin, les Tuileries furent envahies, mais le peuple est désarmé par l'attitude pacifique et ferme du souverain.

L'étranger pénètre en France, le duc de Brunswick lance son insolent manifeste ; un seul cri d'alarme retentit dans tout le pays et provoque la journée du 10 août 1792, qui décide du sort de la royauté. Cette journée mémorable fut préparée par la Commune à qui l'Assemblée, elle-même, semblait avoir abandonné la direction de la Révolution. Les Tuileries furent de nouveau attaquées, la garde suisse massacrée, tandis que le roi, pour éviter l'effusion du sang, se réfugie au milieu de l'Assemblée qui le déclare suspendu de ses droits et le fait enfermer au Temple avec sa famille. Camille Desmoulins et Danton, les principaux instigateurs du mouvement, ainsi que les Cordeliers dont ils étaient les membres les plus influents, prirent aussi les armes dans cette journée historique du 10 août 1792 qui abolit la royauté.

La Convention nationale remplaça l'Assemblée législative pour faire une constitution nouvelle. Dès sa première séance, elle abolit la royauté et proclama la République qui fut inaugurée par les éclatants succès de nos armes.

La veille de la réunion de la Convention, la ferme contenance de nos soldats commandés par Kellermann, à Valmy (20 septembre 1792), nous assurait le résultat de la belle campagne de Dumouriez dans l'Argonne, et forçait les Prussiens à repasser la frontière. Bientôt après, la victoire de Dumouriez à Jemmapes sur les Autrichiens, nous livrait la Belgique. La France avait partout l'offensive, ses armées s'emparaient de la Savoie, du comté de Nice, de Mayence et de Francfort.

Nommé député à la Convention, Camille Desmoulins se rangea dès le principe parmi les Montagnards, vota la mise en accusation de Louis XVI qui fut jugé, condamné à mort par la Convention et conduit à l'échafaud le 21 janvier 1793. Dans les derniers moments que les Girondins exercèrent le pouvoir, Desmoulins n'hésita pas à leur faire une guerre acharnée et à écrire contre eux *l'Histoire des Brissotins* ou *Fragments d'une Histoire secrète de la Révolution.* Ce pamphlet, d'un style violent, contenait toutes les accusations de ceux qui essayaient, pour une cause ou une autre, de conspirer contre la République.

Après la chute des Girondins, les divisions et les passions politiques s'accentuèrent davantage, les Montagnards ne tardèrent pas à se déchirer entre eux. Robespierre, dont les déclamations passionnées retentissaient au club des Jacobins, songeait à exercer seul le pouvoir. Les Dantonistes, fatigués des mouvements révolutionnaires, voulaient les modérer et un troisième parti composé de la grande commune, des officiers de l'armée, détermina le mouvement anti-catholique. Quand Robespierre voulut frapper, il trouva à son service une arme terrible, la plume de Desmoulins qui, à son tour, s'alarmait des dangers qui menaçaient la Révolution au dedans et au dehors et qui provoquèrent le système sanglant de la Terreur.

La Convention fit, en 1793, une nouvelle constitution et exerça le pouvoir jusqu'à la fin de la dictature. Un conseil composé de neuf membres, sous le nom de Comité de Salut-Public, fut chargé de la défense nationale. Il avait sous ses ordres tous les corps constitués. Un comité de Sûreté générale recherchait les suspects et les désignait, sans hésitation, au Tribunal révolutionnaire (mars 1793).

La suppression de la liberté politique entraîna celle des autres libertés. La liberté du commerce et de l'industrie disparut elle-même devant les lois d'exception. Cette situation fâcheuse, inquiétante et toujours croissante des assignats, fit décréter à la Convention la loi du maximum qui fixait le prix de toutes les marchandises et la loi sur les accaparements qui punissait de mort les spéculateurs sur les objets de première nécessité. Ces lois n'eurent d'autre effet que d'accroître la cherté en arrêtant la production nationale.

L'année 1793 avait débuté par les plus effrayants revers à l'extérieur et à l'intérieur. Autour de l'Autriche, de la Prusse et de l'Angleterre s'était formée une première coalition qui comprenait toute l'Europe à l'exception des Etats du Nord, de la Suisse, de Venise et de la Turquie. Malgré cette lutte sans relâche des ennemis de la République, la Convention poursuivit ses réformes politiques et sociales où dominait sa volonté d'assurer l'unité de la France, la souveraineté du peuple et l'égalité des citoyens.

La défaite de Dumouriez à Nerwinden, le 10 mars 1793 et sa trahison, avaient livré notre frontière du Nord; la prise de Mayence par les Prussiens, au mois de juillet, malgré l'héroïque défense de sa garnison commandée par le vaillant général Kléber, avait offert l'occasion à l'ennemi de s'emparer de notre frontière de l'Est. La Vendée, Lyon et la plupart des grandes villes s'étaient levées contre la République. C'est dans ces douloureuses circonstances que, par son infatigable énergie, la Convention sauva la France et la Révolution. Elle décréta la levée en masse, mit onze armées sur pied et par sa valeur héroïque, son ardent patriotisme, le grand Carnot, dont le nom s'imposera toujours à nos mémoires, organisa la victoire.

La ville de Lyon, qui s'était soulevée contre la République, est reprise et condamnée par décret à une destruction complète. Les généraux Kléber et Marceau, à leur tour, triomphent des résistances des Vendéens au Mans et à Savenay (décembre 1793).

La victoire de Hondschoote, par Houchard, sauve Dunkerque; Jourdan, par celle de Watignies, sur les Autrichiens, dégage enfin notre frontière du Nord (octobre 1793). Nommé général en chef de l'armée de Sambre-et-Meuse, cet habile capitaine reconquiert la Belgique par la victoire de Fleurus (juin 1794). A la tête des armées réunies du Rhin et de la Moselle, Hoche reprend, à la fin de l'année 1793, les lignes du Rhin et de la Moselle, dégage Landau et repousse le corps d'armée du duc de Brunswick sur Mayence. Poursuivant ses succès par les glorieuses journées de l'Ourthe et de la Roër, le vainqueur de Fleurus fait la conquête des rives du Rhin (septembre et octobre 1794).

Pichegru s'empare de la Hollande qui se déclare en République sous le nom de République batave (janvier 1795). Les Pyrénées sont franchies à l'Est et à l'Ouest par Dugommier et Moncey (1794).

Notre marine, elle-même, à son tour, avait osé sortir du port de Brest et avait livré aux Anglais un combat héroïque, avec l'amiral Villaret-Joyeuse et le représentant du peuple, Jean Bon-St-André.

La Russie et l'Espagne, effrayées des victoires des Français, demandèrent la paix, et par le traité de Bâle, elles reconnaissaient définitivement LA RÉPUBLIQUE FRANÇAISE (avril et juillet 1795).

CHAPITRE IV

Bien que la France fût le principal foyer des idées nouvelles, la Révolution était menacée au sein même de la Convention où les partis se proscrivaient d'eux-mêmes. Ce furent d'abord les Girondins (31 mai, 2 juin, 31 octobre 1793). Bientôt Danton et ses amis furent sacrifiés comme modérés (5 avril 1794), sous l'accusation de vouloir rétablir la royauté.

Camille Desmoulins qui, dans la Révolution française, avait été l'incarnation la plus vraie de Voltaire, désirait mettre fin au régime de la Terreur; aussi avait-il entrepris une campagne contre les ennemis du culte catholique. En agissant ainsi, il pensait entraîner Robespierre, en flattant son orgueil, dans la politique de clémence et de modération où il avait suivi Danton. Dans cette espérance, le 15 Frimaire An II (5 décembre 1793), il publia le premier numéro de son journal, *le Vieux Cordelier*, dans lequel il fait l'éloge de la liberté de la presse et annonce sa rentrée dans le journalisme.

Le 20 Frimaire (10 décembre 1793), dans son second numéro, il engage la lutte, aide de toutes ses forces Robespierre à détruire le parti extrême, les Hébertistes, sans s'apercevoir qu'il met sa vie en danger et qu'il creuse lui-même sa propre tombe. Dans ce numéro, Cloots, le philosophe, qui avait donné toute sa vie et sa fortune à la Révolution, y est attaqué avec une violence extrême et transpercé par ses brûlantes peintures ; Robespierre le fait exclure des Jacobins, de la Convention, puis arrêter pour être conduit à l'échafaud. Ensuite vint le tour de Chaumette, d'Hébert et de Fabre-d'Eglantine.

Dans le troisième numéro de son journal du 25 Frimaire An II (15 décembre 1793), Desmoulins, livré aux entraînements de sa vive imagination et à sa nature d'artiste, sous prétexte d'une traduction de Tacite, trace de la tyrannie des Césars une peinture pleine d'allusions meurtrières. L'apparition de ce troisième numéro fut le signal d'un vrai scandale : les royalistes eurent des transports de joie et ne manquèrent pas de dire que Camille Desmoulins avait écrit, sous un autre aspect, l'histoire de la Révolution et qu'aucun écrivain n'avait mieux servi leurs calculs de haine contre la République.

Le numéro suivant parut le 30 Frimaire (20 décembre 1793). Dès son apparition, on se le disputait, on se l'arrachait et des numéros furent vendus jusqu'à un louis. Encouragé par le succès de ses feuilles, par sa vive imagination, par son cœur et sa sensibilité,

Desmoulins réclame, avec une rare éloquence, l'établissement d'un comité de clémence pour l'élargissement des suspects, éclatant en de vives protestations contre les terribles réalités du temps, faisant remarquer dans son journal que la liberté c'est le bonheur, c'est l'égalité, la raison, la justice, proclamant ainsi les bienfaits de la République.

Le cinquième numéro est un discours justificatif à l'égard des uns et des autres: il contient la longue et fameuse philippique contre Hébert et un pamphlet très spirituel où l'on retrouve des morceaux dérivant de la plus haute éloquence. Aux Jacobins on lut solennellement les numéros du *Vieux Cordelier*, la société se montra froissée d'un grand nombre de passages, ainsi que les Républicains eux-mêmes.

Le sixième numéro fut publié sous l'impression de l'arrestation de Fabre-d'Eglantine, l'ami de Desmoulins. Quant au numéro sept, l'éditeur Desenne refusa de l'imprimer. Il eut pour sous-titre : *Le Pour et le Contre* ou *Conversation de deux Cordeliers*. Cette fois, l'éminent publiciste s'attaqua au Comité de Sûreté générale et à Robespierre. Les épreuves de ce numéro étaient encore sur la table lors de l'arrestation de Desmoulins, qui fut exclu du club des Jacobins et bientôt après décrété d'accusation et de conspiration contre la République; il fut arrêté dans la nuit du 11 Germinal An II

(31 mars 1794), et condamné à mort avec ses amis par le Tribunal révolutionnaire.

Dans les derniers jours de sa vie, au souvenir de sa femme et de son fils, il montra, non pas un grand désespoir, mais une grande faiblesse. Dans sa prison, il écrivait à sa chère Lucile, sa femme bien-aimée, tenant dans ses mains le médaillon qui renfermait son portrait qu'il embrassait et inondait de ses larmes, les lignes suivantes qu'on ne peut lire sans être ému jusqu'au fond du cœur : « Malgré mon supplice, disait-« il, je crois qu'il y a un Dieu; mon sang effacera « mes fautes, les faiblesses de l'humanité et ce que « j'ai eu de bon, mes vertus, mon amour de la « liberté, Dieu le récompensera. Je te reverrai un « jour, ma Lucile. Adieu, ma vie, ma divinité sur la « terre! Je te laisse de bons amis, tout ce qu'il y a « d'hommes vertueux et sensibles. Adieu, Horace! « Adieu, mon père! Je sens fuir le rivage de la vie. « Je vois encore Lucile, je la vois encore, ma femme « bien-aimée, ma Lucile! Mes mains liées t'em-« brassent et ma tête séparée repose encore sur toi « ses yeux mourants! » Sur l'échafaud, Desmoulins reprit son calme, il mourut, tenant dans sa main une boucle des cheveux de sa femme qu'il avait tant aimée.

Camille Desmoulins mort, Lucile n'eut plus qu'une seule préoccupation, aller rejoindre son mari. Mourir, c'était sa seule pensée, le seul vœu qu'elle formait. Or ce vœu fut exaucé. Accusée d'avoir formé, avec le général Dillon, un complot à l'effet de délivrer les prisonniers, la jeune femme fut arrêtée et envoyée à l'échafaud, dix jours après Camille, en compagnie de la femme d'Hébert.

Dans la vie de Lucile Duplessis, n'y a-t-il pas toute une existence de dévouement et de désintéressement? Le gouvernement actuel de la République ne ferait-il pas bien d'ériger une statue à cette héroïne de la Révolution, dont la courte carrière est remplie par ses vertus. C'est une idée que nous soumettons. De toutes les héroïnes de l'histoire de France, nous ne possédons qu'une statue, celle de Jeanne d'Arc, une de nos gloires et qui à travers les âges et dans tous les temps a toujours excité notre admiration.

Après la mort de Desmoulins, Robespierre domina dans la Convention et au Comité de Salut public. Il formait avec Saint-Just et Couthon ce qu'on appelait le triumvirat de la Terreur (loi du 22 prairial 1794). Cette loi que Couthon avait proposée à l'Assemblée, donnait un terrible accroissement au régime de la Terreur; elle supprimait toute garantie pour les accusés et accordait aux Comités de Salut public et de Sûreté générale le droit de traduire au Tribunal révolutionnaire, sans en référer à la Convention, les conspirateurs quels qu'ils fussent. Elle permit de faire périr 1285 individus en 45 jours. Elle fut votée par la Convention terrifiée, mais elle souleva dans son sein de si vives protestations qu'il s'organisa un vaste complot contre ses auteurs.

Les plus illustres victimes de la Terreur furent Marie-Antoinette, Madame Elisabeth, sœur du roi, le duc d'Orléans, Madame Bailly, Madame Rolland, Lavoisier, Malesherbes, André Chénier, etc.

Quelques semaines après le supplice des Hébertistes et de Chaumette, pour répondre aux insanités du culte de la Raison, décrété par la Commune de Paris et dont la fête fut célébrée dans l'église Notre-Dame, le 10 novembre 1793, Robespierre fit décréter, le 7 mai 1794, que la Convention reconnaissait l'existence d'un Etre suprême et l'immortalité de l'âme. Il fit célébrer en grande pompe, le 8 juin de la même année, la fête de l'Etre suprême.

C'est à cette occasion que la Convention se souleva contre le despotisme de Robespierre. Le 9 Thermidor (27 juillet 1794), elle le décréta d'accusation ainsi que son frère, Robespierre le jeune, Saint-Just, Couthon et Lebas. Ils furent exécutés le lendemain et leur mort délivra la France du régime de la Terreur.

Sortie victorieuse des émeutes qui suivirent le 9 Thermidor, la Convention substitua à la constitution démocratique, la Constitution de l'An III ou directoriale et, par un décret, elle déclara que les deux tiers de ses membres feraient partie du nouveau Corps législatif.

Poursuivant sans relâche ses travaux et ses réformes, la Convention, sur la proposition de Cambon, créa le Grand-Livre de la Dette publique pour uniformiser et républicaniser la dette, en confondant les créances de la Révolution avec celles de la Monarchie. Le capital était converti en 160 millions de rentes 5 pour 100 dont les porteurs ne pouvaient exiger le remboursement. Elle organisa l'enseignement national qui partait des écoles primaires pour s'élever ensuite par les écoles centrales jusqu'aux écoles spéciales de l'Ecole polytechnique, de l'Ecole normale et des Ecoles de médecine et de droit. Elle créa le Conservatoire des Arts et Métiers et la réunion des cinq académies forma l'Institut. La Convention nationale établit le système métrique, l'unité des poids et mesures et décréta aussi le projet d'un Code uniforme. Enfin, pour rompre entièrement avec le passé, elle substitua une ère nouvelle à l'ère chrétienne et le calendrier républicain au calendrier grégorien, achevant ainsi glorieusement l'œuvre immortelle de la Révolution de 1789.

CHAPITRE V

La République de 1848 a fièrement continué l'œuvre de 89. Le gouvernement provisoire proclamé dans la Chambre des Députés, au milieu des émeutes, se composait d'Arago, Lamartine, Dupont de l'Eure, Crémieux, Ledru-Rollin et Garnier-Pagès; il gouverna la France depuis le 24 février jusqu'à la réunion de l'Assemblée constituante, le 4 mai 1848. Son premier acte fut de décréter le suffrage universel (25 février 1848). Le manque de travail qui est d'ordinaire la conséquence des révolutions, rendit plus dangereuse encore l'explosion des idées socialistes. On créa, pour occuper les ouvriers, les ateliers nationaux et, dans l'espoir de les calmer, la Commission du Luxembourg, pour étudier les questions qui intéressaient leur sort. Cette commission fut présidée par Louis Blanc, l'un des secrétaires du gouvernement provisoire. Les clubs passionnèrent encore les esprits avec Blanqui, Barbès, Raspail et Proudhon, qui réclamaient la République sociale. Le gouvernement, lui-même, était partagé en deux tendances: pendant que Lamartine, par la force de son éloquence, faisait tomber des mains du peuple, le drapeau rouge

(25 février 1848) et rassurait l'Europe par un manifeste pacifique (2 mars); pendant que Garnier-Pagès, ministre des finances, sauvait le crédit de l'Etat par l'impôt des 45 centimes (16 mars); Ledru-Rollin, au ministère de l'intérieur, révolutionnait les départements par ses commissaires et ses bulletins. C'est au milieu de cette agitation politique et turbulente que furent faites les élections pour l'Assemblée constituante (23 avril) et que fut tentée la première expérience du suffrage universel.

Le Gouvernement provisoire allait se retirer avec l'honneur d'avoir empêché beaucoup de mal et d'avoir conservé à la Révolution de février ce caractère humain et généreux qui se trouvait alors dans les instincts populaires; mais avant de prendre cette résolution, il décréta l'abolition de la peine de mort pour les crimes politiques et l'abolition de l'esclavage aux colonies, affirmant ainsi, par un acte mémorable, sa haine pour l'arbitraire et son profond amour de la justice et de la liberté.

L'Assemblée constituante se réunit le 4 mai 1848, aux cris de Vive la République! Elle se composait de 800 membres, républicains de la veille et du lendemain, d'hommes politiques ayant appartenu à tous les partis. « La République, disaient-ils, est le gouvernement qui nous divise le moins. » Un des premiers actes de l'Assemblée fut de nommer une commission de cinq membres chargés du pouvoir exécutif, avec Arago, Garnier-Pagès, Marie, Lamartine et Ledru-Rollin.

Les républicains qui faisaient partie de la commission exécutive étaient des républicains modérés qui voulaient asseoir la République à l'intérieur sous la protection des lois et à l'extérieur sur la paix européenne. Ils provoquèrent les méfiances des républicains socialistes qui attendaient de la Révolution de février le renouvellement de la société et la propagation de leurs idées dans toute l'Europe.

Le 15 mai, sous prétexte d'une manifestation en faveur de la Pologne, ils envahirent l'Assemblée, établirent à l'Hôtel-de-Ville un gouvernement provisoire où figuraient Barbès, Blanqui, Raspail, Louis Blanc. Mais cet attentat contre les représentants de la nation fut aussitôt réprimé. Le parti socialiste avait une armée toute prête dans les ateliers nationaux, le décret qui prononça leur dissolution fut le signal des sanglantes journées de Juin. L'Assemblée, présidée par M. Senard, se déclara en permanence et confia tous les pouvoirs au général Cavaignac, ministre de la guerre, qui fut héroïquemeut secondé par les généraux Lamoricière, Bedeau, Duvivier et Damesme. Après une lutte terrible de quatre jours, du 23 au 26 juin, qui coûta la vie à sept généraux et à l'archevêque de Paris, Mgr Affre, les efforts de l'armée unis à ceux de la garde nationale et de la garde mobile, triomphèrent de l'insurrection. Le général Cavaignac, qui venait de sauver la République, déposa la dictature, mais resta chargé du pouvoir exécutif avec le droit de nommer les ministres (28 juin).

L'Assemblée, de son côté, réagit contre les doctrines subversives et les théories des socialistes. Elle affirma toute son énergie, en décidant que trois mille insurgés des journées de juin seraient transportés par décret. Des lois furent faites pour réglementer la presse et les clubs, afin de prévenir le retour de ces journées néfastes. La Constitution républicaine fut proclamée le 12 novembre 1848. Elle remettait le pouvoir à une Assemblée de 750 membres, élue pour trois ans par le suffrage universel direct et au scrutin de liste; le pouvoir exécutif à un président élu pour quatre ans, également aussi élu par le suffrage universel et rééligible à l'expiration de ses pouvoirs.

CHAPITRE VI

La troisième République naquit dans le deuil et les larmes, au milieu des circonstances les plus pénibles qui nous ont laissé de cruels souvenirs par la guerre franco-allemande de 1870.

Quand on reporte sa pensée sur cette triste époque, on ne peut oublier le grand citoyen que la France pleurera longtemps encore, en ne cessant d'admirer la grandeur de son caractère et la majesté de son patriotisme. Quel malheur pour la patrie que la perte de Gambetta enlevé, comme Mirabeau, à la fleur de l'âge, au moment où il déployait toutes les ressources de son intelligence et de son activité au service de la France et de la République.

Orateur incomparable, il portait en lui un esprit tout à fait à la hauteur des événements. Nul mieux que lui ne comprit les malheurs de la France. Il nous semble encore entendre les mâles accents sortis de sa bouche inspirée, quand il s'écriait : « Français, « élevez vos âmes à la hauteur des circonstances qui « fondent sur la patrie ; il dépend de vous de montrer « à l'Univers ce qu'est un grand peuple qui ne veut « pas périr. »

Au moment des plus grands périls, on le vit partout donner l'exemple du patriotisme, rassurer les faibles, encourager les forts et relever le moral de notre armée disséminée, par son énergique persévérance et l'héroïsme de son cœur. Le monument élevé à sa mémoire, par la reconnaissance nationale, en présence du peuple français qu'il aimait tant, au cœur même de Paris, sera la récompense d'une vie pleine de dévouement et d'activité consacrés à la défense de la patrie. Les républicains qui se souviennent du passé et songent à l'avenir, n'oublieront jamais la part immense qui revient à Gambetta dans la fondation de la troisième République.

Mais cette grande et irréparable perte de l'illustre citoyen n'est pas la seule que la France ait eue à déplorer. La mort impitoyable venait quelque temps après, s'attaquer à d'autres activités, à des hommes auxquels nous ne pouvons penser sans être émus et vivement impressionnés, à ceux qui défendirent avec Gambetta, l'intégrité du territoire français : à Chanzy, à Farre, à Clinchant, à Faidherbe ; aux amiraux Jaurès, Gougeard, Crémer et Jauréguiberry. Puis à ses collaborateurs dans l'affermissement de la République ; citons Paul Bert, en qui vivait l'âme de la France, Paul Bert, mort glorieusement au champ d'honneur au Tonkin, enveloppé dans le drapeau de la République.

Pourrions-nous aussi ne pas nous souvenir de Thiers, l'éminent homme d'Etat, le libérateur du territoire, qui aimait avant tout son pays et qui était un vrai et courageux patriote.

Depuis quelques années, la France a fait d'immenses progrès, son armée est quatre à cinq fois plus nombreuse qu'en 1870. Les Allemands s'accordent à le reconnaître, aussi nous ne pouvons nous empêcher d'avoir beaucoup d'admiration pour M. de Freycinet, l'éminent homme d'état, ministre de la guerre, qui préside à l'heure actuelle aux destinées de la France et dont l'habileté et l'entente dans les choses de la guerre sont suffisamment démontrées. Quelle énergie n'a-t-il pas prouvée, lorsqu'il fut l'un des plus distingués collaborateurs de Gambetta dans l'œuvre de la défense nationale? Depuis nos malheurs, M. de Freycinet n'a cessé de travailler à la reconstitution des forces de l'armée et au maintien de son honneur national.

La troisième République est aujourd'hui aussi solidement établie que ne l'est la monarchie en Allemagne ; elle est le seul régime qui offre en France le plus de stabilité gouvernementale.

Les boulangistes viennent d'éprouver une sérieuse défaite. La République sort victorieuse de cette lutte acharnée livrée par ses pires ennemis coalisés. Les républicains de 1889 peuvent donc se réjouir, la victoire leur appartient. Dans ces circonstances, les républicains ont pu continuer au milieu de la tranquillité et de la paix intérieure, à fêter dignement le Centenaire de la Révolution de 1789.

Paris a eu *la joie* de posséder dans ses murs, pendant vingt-quatre heures seulement, le comte Herbert de Bismark, qui s'est empressé de visiter le Champ-de-Mars et ses magnifiques constructions, sans oublier la tour Eiffel, qui est toujours l'objet de l'admiration de tous les étrangers.

Le comte a donné, une fois de plus, l'assurance que l'Allemagne n'avait aucun motif pour chercher à la France une querelle nouvelle. Le jeune diplomate aurait déclaré qu'en admettant qu'à un moment donné la France écrase l'Allemagne, la Russie devrait se tourner contre nous pour nous empêcher de profiter de nos victoires. Mais qu'y a-t-il de fondé dans ces allégations? Sur quoi reposent-elles? La Russie attaquerait-elle la France? Cela nous paraît d'autant plus impossible que nous nous permettrons d'appeler cette manière de voir l'aberration des aberrations. L'Allemagne est tout simplement furieuse de voir la Russie et la France suivre une politique parallèle, elle voudrait qu'un élément de discorde se produise entre les deux puissances. Certes, cela en effet ne serait pas fait pour déplaire aux intérêts allemands. Quoiqu'il en soit, si les rapports de l'Allemagne et de la France sont excellents, aussi bons que l'on peut le souhaiter, c'est à l'attitude exemplaire de la République que nous le devons. Le bon esprit de nos provinces affirme, une fois de plus, les excellentes dispositions du peuple français, dont les tendances sont toutes à la paix et à la concorde. Le pays désire ardemment la paix, son attention est toute entière fixée sur l'amélioration de sa situation économique et la consolidation de toutes ses forces nationales.

La France veut une République sage, progressive, un gouvernement fort et respecté tant à l'extérieur qu'à l'intérieur, un gouvernement qui s'occupe des intérêts généraux et supérieurs du pays.

La République doit être un gouvernement de progrès et de réformes, elle doit chercher par tous les moyens en son pouvoir à améliorer la vie et le sort de nos travailleurs. La mission du parti républicain est de faire valoir leurs revendications. — En réclamant de sages mesures d'économie sociale, en demandant que les ouvriers soient garantis contre la suite d'accidents inhérents à leurs professions, en recherchant les meilleurs moyens de leur assurer des ressources pour leurs vieux jours, les républicains fortifieront la République, cette plante féconde qui porte en elle tous les fruits généreux de la liberté.

Il y a cent ans, nos pères ont célébré l'ère de la liberté et de la justice, ils ont proclamé les droits de l'homme et du citoyen. Certes, s'ils ont témoigné beaucoup d'ardeur et d'énergie pour conquérir la liberté, les républicains de 1890 ne doivent pas montrer moins d'empressement pour la conserver. Ces précieuses conquêtes faites par nos pères en faveur de la liberté, resteront les plus beaux titres de gloire de leur grande et féconde démocratie.

CHAPITRE VII

La prise de la Bastille a été un des événements les plus mémorables des temps modernes; c'est la révolte d'un peuple indigné contre les abus et les violences de la royauté absolue.

La France républicaine date du 4 août 1789. Elle ouvrait une ère nouvelle et affirmait la ferme volonté du peuple de vivre avec la liberté sous la protection de la justice. Cette volonté énergique trouva parmi les députés du Tiers-Etat des hommes dignes de l'apprécier, aussi fiers que patients, aussi résolus que dévoués, prêts à tout sacrifier, même leur vie et qui, par le Serment du Jeu-de-Paume, jurèrent de ne pas se séparer avant d'avoir donné une constitution à la France (20 juin).

Quelques jours après, la Noblesse et le Clergé se réunissaient au Tiers-Etat et l'Assemblée nationale était constituée (27 juin).

Le premier travail de l'Assemblée fut de dépouiller les cahiers présentés par les trois ordres. C'était dans ceux du Tiers-Etat qu'il fallut chercher les aspirations de la majorité. Ils renfermaient en substance les vœux de la Nation et les grands principes de 1789, qui furent formulés dans la Déclaration des Droits de l'homme et du citoyen.

Le Clergé et la Noblesse avaient dépassé leurs cahiers; ils furent entraînés, sans le vouloir, par l'esprit généreux et humain de la Révolution et par l'initiative de leurs principaux membres. Dans la nuit du 4 août, l'Assemblée vota l'abolition des droits féodaux et des privilèges, proclamant partout l'égalité civile et politique. La liberté s'affirmait ainsi dans le serment du Jeu-de-Paume et dans la prise de la Bastille, les 20 juin et 14 juillet 1789; l'égalité dans cette manifestation du 4 août, qui vit la destruction des privilèges; et la fraternité dans la Fédération du 14 juillet 1790, dont le souvenir ineffaçable a dicté à la troisième République l'institution de notre Fête nationale.

Nous venons, il y a quelques mois, de célébrer dignement les fêtes du Centenaire de notre glorieuse Révolution, en commençant par la journée du 4 août 1889.

L'installation solennelle des restes du grand Carnot, de Marceau, de La Tour d'Auvergne et de Baudin au Panthéon, a été effectuée dans cette journée mémorable avec un cérémonial imposant. Nous avions bien le droit, ce jour-là, de parler de la gloire immortelle de Hoche, de Marceau, de La Tour d'Auvergne qui ne consentit jamais qu'à être salué du titre de premier grenadier de France, titre qui lui fut décerné par le premier Consul, de Kléber, dont les cendres reposent à Strasbourg, de Lazare Carnot qui rappelle l'épopée héroïque de la première Révolution, qui fut le créateur de quatorze armées et qui, par son génie, nous donna pour la première fois la frontière du Rhin. Il était aussi de toute justice d'honorer les vertus civiques du citoyen Baudin, mourant sur la barricade en défendant la République.

La date du 14 juillet 1890 marquera un nouveau Centenaire, elle évoque le souvenir grandiose de la Fédération où tous les Français se trouvèrent unis dans un même amour de la liberté et de la patrie. Ce jour-là, la France apparut dans toute sa grandeur, consacrant ainsi par un acte mémorable l'anniversaire par lequel les Parisiens abolirent le despotisme. Au Champ-de-Mars, où a été dressé un autel de la Patrie, a eu lieu une grande solennité en l'honneur du Centenaire de la Fédération de 1790 par la Fédération des Sociétés musicales de France au nombre de 2000 exécutants.

Le glorieux Centenaire de notre grande Révolution, que nous avons célébré au milieu des merveilles de l'Exposition, a été digne de la France et de la République. Les biens impérissables que nous possédons nous ont été transmis par nos pères; il nous appartient maintenant de les défendre, même au péril de notre vie, ces principes de justice, d'égalité, d'indépendance qui leur ont coûté tant d'efforts, tant de persévérance et de sacrifices.

La France de 1789 a voulu fonder un gouvernement reposant sur la justice et la liberté ; elle le veut encore aujourd'hui, elle ne doit pas avoir d'autre but, d'autre idéal que celui de garantir l'intégralité de ces droits. Mais, pour que ce gouvernement soit fort de lui-même et puisse se défendre contre les ennemis de la République, il importe qu'il agisse sans faiblesse afin de pouvoir conserver son autorité. Il faut qu'il se fasse partout respecter et qu'il ne permette à personne de transgresser les lois.

L'Exposition universelle, dont les bénéfices se sont soldés par plus de neuf cent millions, a montré notre prestige à l'extérieur ; c'est à nous, maintenant, à ne pas le laisser diminuer, par une dignité absolue et une étude sérieuse de tout ce qui pourra favoriser l'industrie, le commerce, l'agriculture, afin de maintenir à la France le rang supérieur qu'elle a toujours occupé parmi les nations.

L'Exposition aura eu toutes les supériorités, elle a été saluée du monde entier comme une merveille incomparable. En même temps qu'elle a été la glorification du centenaire de la Révolution française, elle a été aussi la fête du travail et de l'industrie.

Nous dirons aussi un mot de la distribution des

récompenses aux exposants ; elle a laissé parmi nous un souvenir inoubliable. De quelle émotion le pays n'a-t-il pas tressailli le jour où Paris accueillit dans son sein les exposants étrangers qui venaient lui faire une ovation des plus enthousiastes, dans un vrai élan de fraternité ! Les applaudissements s'adressaient non seulement à la France active, laborieuse, industrielle qui venait d'attester si hautement sa vitalité, mais encore à cette nation naguère si attristée qui venait en quelque sorte de réparer ses désastres et d'étonner le monde par son relèvement prodigieux.

M. Carnot, président de la République, dont le nom rappelle, à grands traits et avec gloire, la vie du grand Carnot, l'organisateur de la victoire, celle d'Hypolite Carnot, son père, le ministre de l'instruction publique de 1848, s'était fait dans cette saisissante manifestation du travail humain, le digne représentant de la démocratie française. En donnant à l'Exposition le plus d'essor, le plus d'éclat, pour faire ressortir la prospérité nationale, notre Président affirmait que du droit et de la justice pouvaient naître les grandes réparations et que la République était un idéal de paix, de travail et d'honneur.

Au milieu de cette éblouissante Exposition, déployant un éclat toujours nouveau, de ces fêtes du travail et de l'industrie, de cette victoire pacifique et féconde, offrant toutes les merveilles de la science et les attraits des découvertes ingénieuses, qui avaient attiré en France les visiteurs de toutes les contrées, M. le président Carnot, par son infatigable activité, avait conquis non seulement la sympathie de tous ses concitoyens, mais encore l'estime et l'affection du monde entier. Aussi nous ne saurions trop faire l'éloge de celui dont le nom est dans toutes les bouches et qui seul assure un avenir plein de bonheur et de prospérité pour notre France bien aimée.

CHAPITRE VIII

La troisième République, dès son début, a commencé cette œuvre immense de réparation de nos malheurs, mais la principale de ses préoccupations, après avoir payé la rançon de la libération du territoire, la seule qu'elle ait eue devant les yeux, a été la reconstitution de toutes nos forces nationales. Il a fallu pour cela des sommes considérables et le budget de la guerre est, à l'heure actuelle, encore un des plus chargés. Des hommes intelligents, bons tacticiens,aussi adroits que dévoués, comme les généraux de Galliffet, Saussier, de Miribel, Billot, Davoust, Lewal, Négrier et de Freycinet, tous versés par excellence dans la stratégie et la science militaire et prêts à tous les sacrifices, sauront pourvoir à la défense de la patrie. Mais ce n'est pas seulement une armée nationale, puissante, qui puisse faire face aux attaques de l'extérieur, que la République nous a donnée, elle nous a doté d'une armée disciplinée et soumise aux lois. Cette armée est la garantie du présent et le gage assuré des réparations de l'avenir.

Dans ce siècle de paix armée, de triple alliance, la ligne de conduite de la France n'est-elle pas toute racée? Ne doit-elle pas demeurer pacifique et avoir une juste et ferme prévoyance? A vrai dire, est-ce en France qu'il existe des projets d'entreprises extérieures et des préméditations guerrières? La France n'y songe guère; elle a avant tout le souci de régler ses affaires intérieures et ne demande qu'à être protégée dans sa vie de travail et d'industrie. Les vents mauvais, précurseurs de la tempête, ne proviennent pas de la France, mais bien des Etats de l'Europe qui prennent mille précautions aux frontières, préparent des plans de campagne, font des alliances, passent des traités, comme si la guerre allait éclater au premier jour. Placée, comme elle l'est, en face d'alliances sans cesse dirigées contre elle, cernée de plus en plus par la diplomatie et l'accumulation des forces, la France ainsi retenue prisonnière ne peut aspirer qu'à se défendre. Notre République l'a tellement bien compris qu'elle lui a donné un matériel de guerre et de marine sans précédent, qui la met pour toujours à l'abri des attaques du dehors et en état d'agir, si elle venait jamais un jour à être menacée.

Assurément, nul ne peut prévoir l'heure où éclatera le conflit que l'on nous fait redouter; toutefois, pour le moment encore, la paix ne semble pas compromise. Mais n'importe, c'est une chose bien singulière et surprenante de voir les nations pratiquer des armements formidables pour assurer la paix. Quoi que l'on en dise, ces entreprises belliqueuses nous donnent à réfléchir, elles doivent éveiller notre méfiance parce qu'elles nous inquiètent grandement et qu'elles constituent pour la paix elle-même un danger profond et universel.

La nouvelle de l'entrée de l'Angleterre dans la triple alliance qui sera quadruplée par ce fait, n'a rien qui puisse nous étonner. Il nous est acquis que, depuis 1887, l'Angleterre avait passé une convention secréte avec l'Italie, pour acheter sa coopération dans la mer Rouge. A cette époque les projets belliqueux de l'Angleterre sur le Soudan se trouvèrent ajournés à cause des échecs subis par les armes égyptiennes, qui furent défaites par les sectateurs du Mahdi et devinrent impraticables.

L'Allemagne, qui vient de céder à l'Angleterre le protectorat de Zanzibar, a repris pour son compte le traité avec l'Italie et reçoit en échange de ses droits sur une partie de l'Afrique orientale, l'île d'Héligoland à l'embouchure de l'Elbe. Cette île est un rocher stérile et son abandon mécontente grandement la population allemande, qui prétend que la cession du protectorat de Zanzibar et de Bayamoyo méritait une compensation plus importante.

Quoi qu'il en soit, si l'Allemagne s'est montrée indulgente à l'égard de l'Angleterre, c'est surtout afin d'acquérir sa participation à la triple alliance. L'Angleterre, qui ne nous a pas demandé la permission pour établir son protectorat sur Zanzibar, devra nous offrir une compensation territoriale pour nous indemniser des vexations incessantes subies par nos marins aux pêcheries de Terre-Neuve. On croit qu'une portion de la Martinique anglaise viendra augmenter la puissance de notre colonie des Antilles. La Syrie nous serait offerte également. Nous attendrons avec sagesse les événements et le résultat des négociations diplomatiques.

La Russie est l'ennemie jurée de l'Angleterre, elle n'hésitera plus à s'allier officiellement avec la France ; d'actives négociations ont lieu en ce moment, et un jour viendra où l'Europe apprendra que les deux grandes puissances, pouvant mettre facilement sous les armes plus de cinq millions d'hommes, seront en mesure de faire face à toutes les coalitions du monde entier.

Le pouvoir est aujourd'hui en France entre les mains d'un homme qui a l'autorité et l'expérience acquise dans les services rendus à la République : nous avons nommé M. de Freycinet, qui connaît à fond toutes les questions, surtout celles qui se rattachent à la science et à la stratégie militaire. Cet homme d'état a pratiqué tour à tour les ministères les plus difficiles, il est apte à les diriger tous avec une grande distinction. Possédant aussi la science des manœuvres parlementaires, il saura imprimer une direction à la majorité républicaine et la tenir en équilibre. Nos généraux ont désiré le voir rester ministre de la guerre afin de lui permettre de poursuivre sans relâche et de mener à bonne fin l'œuvre de réorganisation de notre armée et de notre matériel de guerre.

Tous les hommes qui composent le ministère sont des hommes de progrès et de liberté auxquels la démocratie peut faire largement crédit et accorder sa confiance. Au nombre de ces patriotes, nous sommes heureux de compter M. Constans, qui a mené avec une grande habileté le procès Boulanger et su tirer un parti merveilleux de notre Exposition universelle, en obtenant des élections inespérées. Il est un de ceux qui, par ces faits mémorables, auront illustré la seconde période de l'année 1889 et qui auront le plus contribué à sauver la République.

Ce sera aussi l'honneur de la République d'avoir décrété ce que n'avait fait aucun des régimes antérieurs, la plus grande réforme de ce siècle, la loi sur l'instruction primaire (16 mars 1881) et de l'avoir fortifiée, en déclarant d'utilité publique, par la loi du 28 mars 1882, l'instruction primaire obligatoire.

L'instruction était autrefois un privilège de la fortune. Les classes pauvres ne pouvaient avoir droit à ce bien-être si nécessaire au développement des facultés humaines. La République a fait disparaître cette distinction : l'instruction est donnée aujourd'hui à tous les enfants, à quelque classe qu'ils appartiennent ; elle est devenue aussi obligatoire et ne peut leur être légitimement refusée. Elle a pour but d'éveiller l'intelligence de l'enfant en lui donnant les connaissances premières. Cette réforme, en vue de répandre à flots l'instruction, a marqué un vrai progrès ; et quoiqu'elle soit encore attaquée chaque jour par les adversaires de la République, elle n'en restera pas moins une des plus précieuses conquêtes de la liberté.

L'impulsion donnée à notre enseignement primaire par des hommes savants et éclairés, et qui d'ailleurs ont pris part à toutes les discussions qui l'intéressaient : Jules Ferry, Berthelot, le regretté Paul Bert, Lockroy, Faye, Spuller et Fallières, en ont fait une œuvre utile et féconde, non seulement pour nous, mais aussi pour les futures générations. Notre éducation nationale est aujourd'hui digne d'un grand pays, elle a atteint un immense développement dans la France entière. Dans ces dernières années, la Caisse scolaire a fait construire près de seize mille écoles, elle en a fait meubler et restaurer treize mille autres et n'a rien négligé pour fortifier et honorer l'enseignement primaire à tous les degrés.

Cet enseignement est donné à tous les enfants ; l'enseignement secondaire est organisé de manière à donner satisfaction à tous les principes de l'hygiène ; l'enseignement supérieur comprend toutes les connaissances humaines.

Dans un beau et remarquable travail publié par M. F. Buisson, directeur de l'enseignement primaire au ministère de l'instruction publique, on nous expose que pour l'enseignement primaire seul, le budget du Ministère n'était, sous la Restauration, que de 50,000 francs; de 9 millions et demi en 1869, sous l'Empire; de 25 millions en 1879 et de 98 millions en 1889, pour ce qui constitue et établit la part représentée par l'Etat. Mais il y a lieu d'ajouter à ces chiffres le produit des huit centimes, la part qui revient aux départements et aux communes et les prélèvements faits pour les dépenses facultatives. Notre éducation nationale, ajoute M. Buisson, a pris une telle extension que nous nous trouvons, en 1890, en présence d'une dotation de 200 millions, en vue de la propagation de notre enseignement populaire et national.

L'instruction publique est aujourd'hui représentée en France par M. Bourgeois, un très habile administrateur, orateur d'une grande clairvoyance et qui, dans un discours inoubliable, a su se faire applaudir à la Chambre par tous les partisans d'une politique de sagesse, de fermeté et de progrès.

On le vit aussi, dernièrement, prononcer au Sénat

un discours qui lui valut les plus grands éloges, dans lequel il énumère tous les progrès qui ont été accomplis dans l'enseignement secondaire depuis 1872.

Il serait malaisé de dire que le cabinet présidé par M. Tirard ne s'est pas montré à la hauteur de la tâche que lui imposaient les circonstances. On se souvient qu'il prit le pouvoir dans une heure difficile, aussi a-t-il droit à notre reconnaissance et à toutes nos sympathies. Dès ses premiers actes, il affirma toute son autorité et son énergie en prenant les mesures nécessaires pour opposer une barrière infranchissable aux aventures césariennes qui, deux fois déjà, ont précipité sur la France l'invasion et la défaite. Puis, après avoir pris ces précautions contre le soldat indiscipliné qui rêvait de faire la conquête de la France, le ministère inaugura l'Exposition universelle, tout en nous préparant à célébrer le glorieux centenaire de la Révolution.

La France avait alors repris pleine possession d'elle-même ; elle avait reconquis deux grandes qualités : la sincérité et la clarté ; elle savait où elle allait et repoussait désormais toutes les combinaisons qui pouvaient compromettre la République. Le ministère Tirard s'était fortifié au milieu du repos et de la tranquillité, pendant que les étrangers étaient venus s'extasier sur les merveilles de l'Exposition.

Les élections de 1889 furent un véritable triomphe

pour la République qui venait de s'affirmer devant le monde entier comme un gouvernement sage, réparateur et digne de conduire une grande nation vers les plus hautes destinées.

Dans cette année mémorable, le Conseil municipal de la ville de Paris fit ériger, le 19 mai 1889, un monument en l'honneur d'Etienne Dolet, imprimeur et philosophe, qui fut brûlé sur la place Maubert en 1546.

La nouvelle Sorbonne, destinée aux corps savants et universitaires, reçut aussi sa consécration au milieu des fêtes de notre merveilleuse Exposition. Les étudiants de Paris, ambitieux de donner un caractère plus élevé à cette inauguration, y avaient convié les représentants de toutes les universités étrangères et de toutes les académies de France ; les unes et les autres y envoyèrent plus de sept cents délégués. Personne n'ignore combien sont anciennes les Sociétés d'étudiants de quelques-uns des pays voisins et combien elles ont conservé vivaces des traditions qui remontent jusqu'au moyen-âge. Les délégués de ces associations étrangères ne sont pas venus à Paris avec moins d'empressement que ceux de nos associations départementales ; ils avaient même apporté avec eux leurs bannières et leurs insignes pittoresques.

CHAPITRE IX

Il arrive souvent qu'en France, l'administration y regarde à plusieurs fois avant de prendre une décision, mais il faut avouer qu'une fois un projet mis à l'ordre du jour, elle s'en occupe activement et fait bien les choses. Nous voulons parler de la Bourse du commerce, qui fut inaugurée le 24 septembre 1889 par le ministère Tirard, au milieu du succès toujours croissant de l'Exposition universelle.

Au temps jadis, nos grands négociants de Paris, nos commerçants en grains, farines, sucres et alcools, se réunissaient soit dans les rues avoisinant la Halle aux blés, soit sous le péristyle de la Bourse des valeurs. Ils tenaient leurs délibérations en plein vent; il en résultait les plus grands inconvénients pour la santé des personnes. Pendant vingt-cinq ans, les grands commerçants firent de vains efforts pour obtenir un local où ils pourraient traiter de leurs affaires et ce n'est qu'après de longues années écoulées qu'ils sont arrivés à obtenir satisfaction.

Sous l'Empire, un notable commerçant, M. Félix Godillot, proposa de créer un cercle commercial; ses collègues accueillirent cette idée avec un vif enthousiasme et l'on se mit à l'œuvre pour fonder le cercle; mais M. Boitelle, alors préfet de police, fit une vive opposition à la proposition quand, finalement, il céda et les choses purent être menées avec la plus grande activité. Seuls, les négociants dont les opinions ne paraissaient pas suspectes au gouvernement, purent se réunir dans un local convenable situé rue du Louvre, place Saint-Germain-l'Auxerrois.

Après la chute de l'Empire, le nombre des commerçants avait augmenté dans de telles proportions qu'il fallut penser à se réunir ailleurs; ils résolurent alors d'obtenir une véritable Bourse où les affaires se traiteraient publiquement et auraient un caractère officiel. Quelques démarches furent tentées en 1880 et ce n'est qu'en 1883 que de sérieux pourparlers furent engagés. La Chambre de commerce et le Conseil municipal avaient résolu, d'un commun accord, d'étudier cette grosse et importante question, quand un de nos architectes les plus distingués vint en hâter la solution en offrant à la ville de Paris de transformer le vieux bâtiment de la rue de Viarmes en une véritable Bourse de commerce. La Ville accepta la proposition, qui lui parut très avantageuse, d'autant plus qu'elle n'avait aucun capital à verser à cet effet. Elle abandonnait à M. Blondel l'ancienne Halle aux blés, qui ne pouvait plus lui servir, lui laissait le droit de louer les locaux du nouvel immeuble transformé, mais au bout de soixante-quinze ans elle redevenait propriétaire. Si séduisant que parût ce projet, il se passa longtemps encore avant que les travaux fussent commencés, et ce n'est qu'en 1888 que les ouvriers entreprirent l'œuvre de cette transformation si importante, merveilleusement appropriée aux besoins du commerce parisien.

A vrai dire, nos négociants sont aujourd'hui dédommagés, on leur a enfin donné plus qu'ils ne demandaient et mieux qu'ils n'espéraient. Rien ne manque à nos producteurs et à nos consommateurs : leur installation, aujourd'hui, est complète ; ils ont quitté avec satisfaction l'ancienne Bourse pour s'installer chez eux, loin des affaires fictives se réglant par des différences. Le commerce parisien trouvera, sur ce marché, de nouveaux débouchés pour l'écoulement de ses produits, et nos négociants pourront s'occuper plus particulièrement des questions qui intéressent l'agriculture et le travail national.

La Bourse du commerce est, comme architecture, un de nos plus beaux monuments. En entrant, sous la porte, nous avons remarqué un beau groupe du sculpteur Croisy, représentant la ville de Paris protégeant le commerce, l'industrie, les arts et l'agriculture. Le hall est une immense salle de 1,300 mètres de superficie, entourée de boutiques sur la rue, où sont installés un café spécialement réservé aux négociants, les bureaux de l'agence Havas et les compagnies d'assurances. La coupole est décorée dans toute son étendue, de peintures dues au talent de nos peintres distingués : nous nommons Lucas, Luminais, Laugée, Clairin et enfin le regretté Mazerolle, décédé récemment. Elles représentent l'activité commerciale dans toutes les parties du monde.

Nous avons également parcouru la salle des syndics, désignée plus ordinairement sous le nom de *salle des pas perdus*, où les commerçants peuvent se retirer, pour délibérer au sujet des affaires qui les concernent.

Nos mémorables fêtes du Centenaire de la Révolution se sont terminées dans une apothéose toute de gloire, par l'inauguration du monument *le Triomphe de la République,* en présence du chef de l'État. Cette dernière œuvre a placé définitivement M. Dalou au premier rang de nos sculpteurs.

Dans ce monument, d'une magnifique allure, la République est placée sur un char triomphal traîné par deux lions. Celui de droite, qui supporte un conducteur, le Progrès, un flambeau à la main, mord son frein rageusement ; l'autre, la tête droite, soutient la main gauche du Progrès. L'idée triomphale est complétée par plusieurs figures allégoriques qui, du geste, poussent le char en avant. C'est tout d'abord un ouvrier le marteau sur l'épaule, représentant le Travail ; puis deux femmes, qui figurent : l'une la Paix, l'autre la Justice ; enfin, autour du char, des petits génies portent des attributs et des fleurs. La République, debout, domine ce gracieux et élégant ensemble décoratif; son attitude est haute et fière, elle paraît recevoir l'hommage de l'Humanité tout entière, et, de la main gauche, elle s'appuie sur le faisceau de l'union des peuples.

Il semblait que les fêtes du Centenaire de 1789 et l'Exposition universelle ne devaient pas finir sans rendre un hommage éclatant à l'un de nos plus grands citoyens, à Gambetta dont la perte s'était fait encore plus vivement sentir dans ces dernières années et dont la présence aurait pu être si utile à la République, pour la défendre contre le péril de toutes les factions réunies contre elle.

Une délégation du département de l'Oise, présentée par le Préfet, au mois d'octobre 1889, invita M. Spuller, ministre des affaires étrangères, à l'inauguration du monument élevé à Epineuse en commémoration de la descente du ballon qui portait Gambetta le 5 octobre 1870. M. Spuller, on s'en souvient, accompagnait dans ce périlleux voyage le grand citoyen qui, dans les circonstances les plus difficiles et les plus douloureuses, ne désespéra pas du salut de la patrie.

Les habitants d'Epineuse avaient voulu rendre un hommage solennel aux vertus civiques et patriotiques de cet homme incomparable qui, on ne saurait trop le répéter, ne vécut que pour la France et pour la République. Tous les Français avaient foi en son génie, croyaient en cette âme grande et généreuse qui plaçait au premier rang l'intérêt supérieur de la patrie.

La France gardera aussi un fidèle souvenir de ceux qui l'ont aimée et défendue et de tous ceux qui se montrèrent de grands citoyens et de vaillants soldats pendant la Défense nationale. Fallait-il, après Clinchant et Chanzy, voir disparaître, au milieu des fêtes du Centenaire de la Révolution, une des gloires les plus pures, les moins discutées de la France, en la personne du général Faidherbe? Fallait-il qu'à un siècle de distance la mort de cet illustre soldat, qui fut aussi un grand savant, vînt nous rappeler que le patriotisme n'avait pas dégénéré en France et nous fasse pleurer un émule de la famille des Hoche et des Marceau !

Il n'est personne qui pourra oublier le nom de cet ardent patriote qui fut aussi un habile général. Nous nous souviendrons toujours que Faidherbe commanda brillamment la vaillante armée du Nord et infligea de sérieux échecs aux Prussiens sur les champs de bataille de Pont-Noyelle et de Bapaume. Nous avons le droit d'être fiers de ce grand capitaine qui, pendant l'année terrible, fit plus d'une fois tressaillir nos cœurs et qui était connu non seulement en France, mais aussi de toutes les nations du monde. Mais si Faidherbe rappelle la douloureuse épopée de nos malheurs et les faits glorieux de son armée improvisée, il nous fait penser aussi à sa vie toute entière consacrée au service de la Patrie et de la République, à la conquête lointaine de territoires dans l'Afrique centrale et à la consolidation de notre puissance coloniale.

Membre de l'Institut, le général Faidherbe a été le conquérant et l'organisateur du Sénégal, son nom sera toujours honoré et respecté de tous, et cela d'autant plus qu'il apparaît à tous les yeux comme l'incarnation la plus complète du patriotisme et de l'honneur.

CHAPITRE X

Depuis la désastreuse guerre de 1870, on croyait que la France vaincue et mutilée ne pourrait plus jamais relever la tête ni reprendre le rang auquel elle a droit dans le monde. Les Anglais, les Italiens et principalement les Allemands, auxquels notre marine, notre commerce et notre industrie portaient ombrage, s'étaient attachés à répandre les bruits les plus divers chez les peuples lointains et cette idée mensongère et à la fois humiliante, que la France était déchue et que chacun pouvait, sans inconvénient, violer ses droits et la dépouiller de ses biens. Aujourd'hui, les années écoulées n'ont-elles pas changé la face des choses ? la France n'a-t-elle pas démontré que pour défendre son honneur et sa dignité, elle pouvait compter sur tous ses enfants, soldats ou marins, qui, d'ailleurs, n'avaient rien perdu de leur patriotisme !

Dans ces derniers temps, nos soldats ont donné de sérieux et d'admirables exemples de bravoure et d'abnégation. Nous n'avons qu'à nous rappeler les opérations de la guerre du Tonkin, dont les généraux Millot, Brière de l'Isle eurent la conduite. Nous pourrions citer aussi le général Négrier, qui pendant cette guerre si meurtrière, se montra plein d'énergie et de décision ; et enfin le chef de bataillon Dominé, l'héroïque défenseur de Tuyen-Quan, qui avec 400 soldats seulement, repoussa plus de 15,000 Chinois assiégeant cette petite forteresse.

Nous n'oublierons pas non plus de rendre un hommage de reconnaissance et d'admiration à l'amiral Courbet qui, pendant toute l'expédition du Tonkin, fit preuve d'un courage et d'une bravoure incomparables ; enfin, à la mémoire du sergent Bobillot, blessé à mort au siège de Tuyen-Quan, le 18 février 1885, et dont le patriotisme émerveilla tous ses camarades ; et aussi à celle de ses compagnons d'armes morts pour la France dans l'Extrême-Orient.

Notre chère patrie, dans sa merveilleuse Exposition, a prouvé au monde entier qu'elle était aussi une nation honnête et laborieuse et que rien n'avait pu, jusqu'à ce jour, diminuer sa force ni sa vitalité. Toutes les populations que nous avions conviées à cette œuvre de paix et de concorde, outre les marques de sympathie et d'amitié qu'elles sont venues donner à notre pays, n'ont pas hésité à s'imposer les plus grands sacrifices et à rivaliser de zèle et d'efforts pour nous apporter les produits de leurs arts, de leur industrie et de leur agriculture.

Nos richesses agricoles et industrielles accumulées dans les galeries du Champ-de-Mars, sur le quai d'Orsay et dans l'enceinte du Trocadéro, ont prouvé ce qu'il y avait encore chez nous d'intelligence, d'activité et de puissance productive. Le Palais des Machines, avec la Tour Eiffel, resteront comme l'un des plus audacieux tours de force de la construction métallique et l'un des travaux les plus grandioses et les plus extraordinaires de ce siècle.

Si cette œuvre des travailleurs du sol, de la mine et de nos ateliers est destinée à vulgariser nos nouveaux procédés de culture et les nouvelles découvertes de la mécanique industrielle, il n'est pas douteux qu'en apportant des germes de progrès dans les moyens de créer et de perfectionner, elle assure le développement de toutes nos forces productives.

L'Exposition de 1889 restera donc la plus grande manifestation agricole, industrielle, artistique et commerciale qui fût jamais. Elle est tout à l'honneur de M. Carnot, président de la République, à ces savants organisateurs qui ont apporté leur merveilleux concours dans cette œuvre de paix, de travail et de liberté. Tous se sont montrés à la hauteur de leur tâche en attestant au monde entier combien est grand le génie de la France et en donnant l'idée la plus généreuse de notre prodigieuse activité. Dans tous les pays la France est aujourd'hui, de toutes les nations, la plus respectée et la plus admirée.

Cette Exposition a ouvert, par les dernières élections législatives, une ère de calme et d'apaisement. Le ministère Tirard avait alors fort bien compris la volonté du pays : il ne pouvait parler de la révision républicaine, de la séparation de l'Église et de l'État, ni procéder à la voie des réformes au moment même où le pays entrait dans une période d'accalmie.

On se rappelle que le cabinet avait pris le pouvoir dans une heure difficile, il faut donc lui savoir gré de s'être inspiré des sentiments qui se sont fait jour dans les dernières élections, d'avoir pratiqué une politique large, tolérante et à la fois toute de sagesse et de liberté, enfin d'avoir compris qu'après notre magnifique Exposition, le suffrage universel invitait tous les Français à la réconciliation et à la concorde.

Il n'est donc permis à personne de suspecter les intentions pacifiques de la France qui désire, sous le ministère Freycinet, voir pratiquer cette politique de progrès et de réformes si longtemps attendue par les classes laborieuses. Les manifestations multiples du travail, jointes aux efforts de notre activité nationale, ont donné une haute idée de la richesse et de la puissance du pays. Le succès de notre belle Exposition a été pour la France la digne récompense du labeur fécond qu'elle n'a cessé de développer sous les auspices du gouvernement de la République ; elle laissera dans tous les cœurs non seulement des souvenirs précieux, mais aussi des enseignements pour l'avenir de la nation.

Si notre pensée s'arrête encore un instant sur les merveilles du Champ-de-Mars, devant ces splendeurs de l'art et de l'industrie, et sur les richesses de l'agriculture, nous ne pouvons nous empêcher de remarquer que cette grande manifestation a été pour beaucoup dans le triomphe de la République. L'éclatante victoire remportée par le parti républicain dans les élections législatives et dont le centenaire de la Révolution a été témoin, a puissamment contribué à la défaite du boulangisme et à faire rendre le dernier soupir à ce parti du désordre et de l'indiscipline.

La France est un pays de travailleurs; elle a le sentiment très clair de ses intérêts et des nécessités qui s'imposent actuellement. Elle demande à ses représentants qu'ils se mettent tous à l'œuvre pour lui donner les satisfactions qu'elle attend. Elle réclame que l'on fasse moins de discours, de décevantes promesses, que l'on s'occupe de ses intérêts matériels et que l'Etat continue à l'aider à développer son génie commercial, agricole et industriel. Elle entend conserver la République, avec toutes les conséquences administratives, sociales et politiques qu'elle comporte. Il lui faut un gouvernement stable, énergique, à l'abri des luttes violentes, des excitations de parti, qui, en un mot, lui inspire la confiance du lendemain; et enfin qu'on ne lasse plus sa patience avec toutes les crises ministérielles pour lesquelles elle professe la plus grande aversion.

Notre pays veut obtenir du gouvernement des lois utiles, et principalement des réformes. Notre démocratie a donc un grand intérêt à s'unir dans de fortes et puissantes associations afin d'atteindre ce but et pour améliorer le sort de ces classes laborieuses qui sont les classes les plus intéressantes de la société. Ces classes comprennent les commerçants, les industriels, les agriculteurs, les employés et ouvriers qui forment, à eux seuls, l'élément le plus vrai et le plus solide de la richesse de la France.

Il est incontestable qu'à la suite des dernières élections, un grand apaisement s'est produit dans les esprits, que la République sort grandie et fortifiée de ces dernières luttes. Les causes de discrédit et de mécontentement qui existaient, ont disparu ; le parti boulangiste est aujourd'hui un parti mort. Une majorité républicaine s'est formée à la Chambre, grâce au bon sens et à la raison des électeurs. Maintenant, il ne faut pas que le parti républicain s'énivre de son triomphe et croie qu'il ne lui reste plus rien à faire à l'égard de ses pires adversaires. Il lui appartiendra, en effet, de rechercher les meilleurs moyens pour arracher définitivement les racines du boulangisme.

Mais comment pourra-t-on arriver à cet heureux résultat ?

Ici se pose évidemment une question : les républicains pourront atteindre ce but en redoublant d'énergie et de persévérance pour donner aux classes aisées des garanties d'ordre et de paix ; mais ils devront aussi se préoccuper sans cesse des intérêts et des besoins des classes laborieuses, afin de leur procurer le bien-être et les améliorations qui devront être le véritable couronnement de l'édifice républicain.

Il est maintenant permis d'espérer que les travaux parlementaires ne seront plus entravés par les boulangistes. Nous demandons que l'on en finisse avec toutes ces malheureuses et tapageuses interpellations et tous ces débats irritants qui troublent profondément le pays. La France a le droit d'exiger de ses mandataires, de pouvoir travailler en paix et qu'ils s'occupent eux-mêmes avec elle d'assurer le développement de ses forces productives.

Déjà des lois utiles et d'affaires ont été discutées pendant la session législative ; d'autres non moins importantes, recevront aussi leur sanction à la rentrée des Chambres, elles intéressent principalement notre commerce et notre agriculture. Le Parlement compte dans son sein assez d'hommes sérieux et intelligents, pour que l'on puisse avoir la certitude que toutes les questions commerciales, industrielles et agricoles seront étudiées avec soin et menées à bonne fin. Nos populations rurales se réclament donc, une fois de plus, de toute la sollicitude du Gouvernement et des Chambres.

M. Méline est certainement, de la nouvelle Chambre, l'homme le mieux préparé pour les importantes questions qui viendront en discussion et qui concernent notre agriculture; le groupe agricole a placé en lui toute sa confiance, nous ne voyons aucun chef de ce groupe mieux désigné par sa rare compétence et son autorité.

Le projet que M. Méline a élaboré, avec le concours d'une Commission, est sorti du Congrès international qui a siégé pendant l'Exposition : il repose en principe sur la transformation des syndicats professionnels au point de vue du crédit; il permettra aux syndicats de se constituer en banques agricoles. En donnant toutes satisfactions à notre agriculture, nos représentants poseront les éléments d'une politique utile et féconde et rendront les services les plus inappréciables à la République.

La France, après avoir développé son génie industriel, comme vient de le prouver le succès colossal de l'Exposition, demande à compléter non seulement son éducation agricole, mais aussi celle commerciale. Nos traités de commerce tombent à échéance le 1er février 1892, à la condition qu'ils seront dénoncés le 1er février 1891.

Dans cette circonstance, le commerce français devra parler haut afin de faire valoir nos revendications. A Paris, comme dans tous les départements, les électeurs réclament une politique d'affaires et la dénonciation des traités de commerce, c'est-à-dire le moyen d'annihiler l'article 11 du traité de Francfort. Le mouvement est donc bien compris, il appartient au pays, dans son intérêt, de savoir en profiter. Notre système économique a besoin d'être révisé dans toutes ses parties, car les étrangers continuent à envahir nos marchés et à nous inonder de leurs produits.

Avant l'année 1878, l'Allemagne nous envoyait, pour rivaliser avec les articles de l'industrie parisienne, pour trois ou quatre millions de bimbelotterie et de tabletterie. En 1883, elle nous en importait pour plus de huit millions et était arrivée, pour les ouvrages en métaux, à en vendre pour plus de douze millions!

En présence d'une situation aussi grave, il a fallu, pour faire rétrograder cette invasion de produits allemands, perfectionner notre outillage, entamer une lutte où les industriels et les ouvriers durent apporter leur part de sacrifices. Quoi qu'il en soit, le but fut atteint, mais dans de faibles limites : les Allemands firent de grandes baisses de prix sur les marchandises, ayant la main-d'œuvre à meilleur compte ; le salaire de nos travailleurs parisiens fut d'autant plus compromis que la concurrence étrangère pesait plus fortement sur leur travail.

Mais en dehors de ces articles étrangers, il en est d'autres de fabrication allemande qui méritent d'être signalés, en raison de leur importance. Nous voulons parler de la papeterie et du meuble. Les Allemands nous envoient annuellement pour quinze à seize millions de papeterie, dans lesquels se trouvent pour plus de trois millions et demi de francs de gravures, lithographies, photographies, cartes géographiques, musique gravée, étiquettes, etc. Si nous consultons notre tarif général, tous ces articles figurent comme exempts de tous droits et causent le plus grand préjudice au commerce français.

Les bois d'ébénisterie et de menuiserie à demi travaillés sont aussi exempts de droits ; le travail qui pourrait être fait en France profite partout à l'Étranger ; en effet, tous ces articles ne sont-ils pas de fabrication parisienne ? N'est-ce pas le travailleur, l'ouvrier parisien qui souffre de la concurrence étrangère ? Aussi est-il en droit de réclamer le vigilant concours de nos députés pour qu'ils donnent la préférence à une politique d'affaires, en commençant à rendre sa situation meilleure et en dénonçant nos traités de commerce.

Comme on le voit, nous avons le plus grand intérêt à reconquérir notre liberté économique. De graves problèmes se dressent devant nos représentants, des difficultés sans nombre les attendent, mais nous avons la ferme espérance qu'ils s'en tireront avec le plus grand honneur. Certes, la France n'est pas dans la même situation que la Belgique et l'Angleterre dont les immenses richesses les obligent à chercher de nouveaux débouchés pour l'écoulement de leurs produits; aussi elle doit plus que jamais pratiquer une politique protectionniste plus efficace pour le travail national.

Les États-Unis d'Amérique, dont le prodigieux essor a surpris le monde entier, nous font aussi une rude concurrence dans la production des céréales. Il n'est donc pas possible que nous laissions les nations étrangères envahir nos marchés de leurs produits, au grand préjudice de notre liberté commerciale.

La France n'a traité, quant à présent, qu'avec des pays d'une importance secondaire. L'Angleterre, la Russie, ont obtenu de nous le traitement de la nation la plus favorisée; mais, il convient de le dire, il est plus que temps de réclamer pour nos agriculteurs, nos commerçants, nos industriels, une protection plus grande, en révisant notre tarif spécial avec toutes les nations. Nous supplions donc tous les républicains de persévérer dans cet esprit de sagesse et de discipline qui leur fait honneur et les unit plus étroitement.

Nous leur demandons, dans une nouvelle période d'activité, de travailler aux réformes, à la prospérité et à la grandeur de la France; enfin de faire une œuvre utile et féconde pour le relèvement de la patrie. Ils attesteront ainsi, avec une force égale, leur attachement aux institutions de la République et leur affection pour la personne du grand Citoyen qui en est le premier magistrat et le loyal défenseur.

Félix MENTION.

Juillet 1890.

www.ingramcontent.com/pod-product-compliance
Ingram Content Group UK Ltd.
Pitfield, Milton Keynes, MK11 3LW, UK
UKHW021214230726
13926UKWH00003B/1021

9 782014 062182